태양을 삼킨 사람들

이세영 시집

초판 1쇄 인쇄 | 2017년 7월 14일
초판 1쇄 발행 | 2017년 7월 17일

지은이 | 이세영
펴낸이 | 김명숙

표지디자인 | 민경미

펴낸곳 | 책마루
등록 | 제 301-2008-133
주소 | 서울 중구 퇴계로235 남산자이 304호
전화 | 02-2279-6729 전송 | 02-2266-0452

ISBN 978-89-98437-05-3

태양을 삼킨 사람들

책마루

두 번째 시집을 상재하며

삶은 가없는 늪입니다
생령이 다투(dhatu)로 골육에 박혔으니 어떤 자는
사망의 길로 어떤 자는 생명의 길로 역사하기에…

다투(dhatu)는 자궁 속 태아로 누구나 부처되는 알맹이가
있으나 모체와 함께 생명을 같이 합니다
신을 닮은 인간은 신을 버렸기에 인생은 늪에서 허덕이는
고난의 삶을 살아갑니다
생령이 마비된 자는 에이즈처럼 죽어 갈 뿐입니다

시는 생사의 경계선에 선 인간의 실존을 깨닫고 사그라져
가는 생령에 불 질러 아름다움과 생명의 길을 찾고 찬미하는
율려입니다

시는 참인간을 찾아가는 고행의 길입니다
멀고 아득한 길이기에 부끄러움을 무릅쓰고 민얼굴을
내밉니다
깊은 고뇌에 빠지면서도 기쁨의 생수를 맛보면서…

이 세 영

차례

제1부

태양을 삼킨 사람들 | 12
은빛 날개 | 13
단양에서 | 14
산山은 | 15
꿈의 사냥꾼 | 16
꽃 | 17
하루살이의 삶 | 18
월령교에서 | 19
시와 시인 | 20
시詩는 눈물입니다 | 21
웃으며 살리라 | 22
무제2 | 23
무제3 | 24
칠십 년 돌아보니 | 25
세방낙조細方落照 | 26
묵호 등대에서 | 27
청산에 살자 | 28
사월 어느 아침 | 29
유월의 숲속 | 30
쎈 바람 | 31
햇살 | 32
망부석望夫石 | 33
단양 남한강 | 34
자연의 속삭임 | 35
내가 날 믿으면 | 36
느티나무 정자 | 37
인생길 | 38

제2부

시작 노트 | 40
철쭉꽃 필 때 | 41
부모님 | 42
추모追慕 | 44
새벽이슬 맞으며 별빛 밟으며 | 46
아~ 어머니 | 48
그때 그 달빛 | 49
사랑의 눈물 | 50
서울 촌놈 | 51
안식처 | 52
개벽開闢 | 53
귀뚜라미 | 54
카라반(caravan) | 55
가을 소식 | 56
사랑은 | 57
행복은 사랑의 꽃 | 58
가족 오락회 | 59
묵은지 사랑 | 60
끝내 못 다한 말 | 61
우리의 만남 | 62
송별 | 63
님의 큰 사랑 품에서 | 64
크라빙스(cravings)에서 | 65
믿음의 여인이여 | 66
가을 비 | 67
고명딸 | 68

차례

제3부

오직 믿음으로 | 70
사마리아 여인 | 71
님이여 단비 되어 | 72
예수 믿으면 | 73
유혹 | 74
참사랑 | 75
전도(선교) | 76
죄와 사랑 | 77
기도의 향기 | 78
우상(icon) | 79
행복은 파랑새가 아닙니다 | 80
영혼의 씨앗 | 81
번개 세월 | 82
잡초 | 83
마음 공간 | 84
역사는 강물처럼 | 85
낳은 정 기른 정 | 86
설 명절 | 87
사랑의 변신 | 88
사랑의 열매 | 89
그저 그저 햇살 들기만 | 90
깊은 밤 차분히 | 91
여보게 친구 | 92
세상살이에서 | 93
석류 | 94

제4부

무궁화 | 96
태양을 품은 사람들 | 97
한강수야 | 98
무제 1 | 99
웃자, 웃고 말자 | 100
정객들의 풍미風靡 | 101
패싸움 | 102
마지막 때 | 103
이놈들아! | 104
유세誘說 | 106
회오리 정치판 | 107
어쩜 좋을지 | 108
세상사 변화무쌍 | 109
귀향 굿 | 110
광화문 | 111
시민의식 | 112
기조羈鳥의 날갯짓 | 113
사관史官 | 114
새 집 지으려는데 | 115
통일은 새벽이슬같이 | 116
온 세상 밝히는 등대 | 118
진실은 싹이 돋고 | 119
설악산 대청봉에서 | 120
토함산 석굴암에서 | 122
시인은 자유인 | 123
봄맞이 대청소 | 124
오늘은 | 126
마지막 때에 | 127

백발은 인생의 수료증인가?

감사의 면류관일까?

가시밭길 건너 온 삶에 대한 사연들 – 파편은 나의 분신,

'태양을 삼킨 사람들' 은 강한 의지로 부끄러운

세상을 이겨 온 용사들 – 생명은 가장 귀중한 가치이기에

곁에는 천생의 반려자 심성숙과 자녀들 그리고 손자 손녀들,

울타리가 되어 준 형제와 가족, 사랑을 나눈 이웃들께 감사한다.

가장 큰 감사는 내가 예수를 사랑했기에

두려움을 이기며 떳떳하게 살려했다.

언제나 자상한 책마루 김 사장님께 감사를 드린다.

그리고 천상에 계신 부모님께 엎드려 이 책을 배상합니다.

제1부

태양을 삼킨 사람들

— 시집을 상재하며

캄캄한 바다에 쪽배 띄워
바람 따라 물결 따라
어느 곶串 기슭에서
물고기 쉼터가 되려나?

황량한 세파에 넘보지 않는 시집
고적한 자신 아우르는 진정한 반려는
내 속에 있는 속사람이었다.
고요한 시간 명상에 잠기면 속사람의 속삭임

태산은 티끌 마다 않고
대해는 한 방울의 물도 기꺼워하는데
인간은 어찌 명리와 권세만 탐하는가?

속사람 적나라하게 그릴 때 멋진 감칠맛
용기로 부끄러움을 무릅쓰고 두 번째 시집
'태양을 삼킨 사람들' 을 상재한다.

은빛 날개

– 부산 태종대에서

새벽 하늘 별 거느린 반달
성스러운 여명 뜸들이다
병신년 태양 07시 33분
바다를 뚫고 새빨간 상투 솟네

복스런 태양 시나브로 자라
용광로 쇳물처럼 이글이글
천지를 뺄겋게 덮치네

태양은 백광되어 공중에 올라
바다에 하얀 도장을 찍고
해를 담으려는 눈은 온 세상 하얀 밤

가늘게 떠는 물결은 별꽃처럼 반짝반짝
햇살 은빛 날개는 발끝에 머무네
아, 이 강산에 하늘 뜻 이루소서
온 누리에 자유와 평화를 !

단양에서

산 높고 물 맑고
산기슭 그윽하여 인정도 깊고
낯설이 땅 정 심고 사는 곳

솟구친 산 해 뜨면 한낮
팔경에 묻혀 사랑 잠 자네
고향씨 뿌리며 잠잠히 살으리라

산山은

언제나 당당하게 그 곳에
하늘 뜻 정기精氣 땅에 잇고

푸른 숲 맑은 샘물
생명의 젖줄 그리고 보금자리

철따라 색색옷 갈아
의연한 천성 더욱 미더워

네 품은 어미의 자궁
생명의 비밀 사모하는 안식처

꿈의 사냥꾼

감히 시인이랄 순 없어도
날 시인이라 하면 기쁘다

시인은 벌판에 흔들리는 코스모스
G-선상의 아리아라 할까

가난을 먹은 외로운 나그네
서러움 삭이면서 사는 고상한 선비

터질 것 같은 눈물주머니, 그러나
웃음을 질질 흘리며 사는 못난이

땅을 딛고 창공을 날아다니는 새
보일 듯 잡히지 않는 꿈을 잡는 사냥꾼

시인은 슬픈 멋쟁이, 꿈의 사냥꾼

꽃

꽃보다 아름다운 것은 없습니다.
향기롭고 열매를 맺고 씨를 품습니다

세상의 꽃은 사람입니다
나라의 꽃은 국민입니다
가정의 꽃은 자녀입니다

사람의 꽃은 행복입니다
행복의 꽃은 생명입니다
생명의 꽃은 사랑입니다

사랑은 살아있는 것의 꽃입니다
꽃이 시들면 열매가 없고
가장 슬프고 불행한 씨가 됩니다

하루살이의 삶

해질 무렵 하천가 수풀 위에
극열하게 날뛰는 공중파티

죽음이든 먹이사슬이든
어차피 단 하루의 생애

차세대를 위하여
생명의 고리를 잇는 숭엄한 삶

비록 날파리일지라도
천륜을 찬미하는 교미무도

월령교에서

안동 댐 가는 길에
낙동강 가로지른 월령교
탁 트인 강 중앙에 정자가 있고

정자에 오르니 북에서 쭉 뻗어 흐르는 강
케케묵은 체증이 펑 뚫리고
사월의 봄바람 맛 감미롭구나

강 건너 강변에 늘어선 왕벚나무
휘휘 날리는 가지가지마다
손녀딸 얼굴 닮은 예쁜 꽃송이 춤추네

늙은 부부 청춘되어 배경 사진 찍고
유유한 강물 보며 낭만에 젖네
사노라면 이런 맛에 세월을 잊고

시와 시인

시에는 조국이 없어도
시인은 조국이 있어요

조국에 탈이 생기면
시인의 마음 까맣게 재가 되고

조국이 평안하면
시인도 찬양하는 시로서
국경을 넘나들며 시 낭송

시인의 맘은 국경을 허물어서
하늘과 땅과 인간이 합치하는
자유와 평화 진로를 도모하고

시詩는 눈물입니다

시詩는
어수선한 마음
말갛게 세정하는
상큼한 눈물입니다

시詩는
꾸미는 인생
하얗게 도색하는
백수정 눈물입니다

시詩는
고독과 슬픔
포근한 사랑이 되어
감사의 눈물입니다

시詩는
마음에 맺힌 고드름
삶에 꽃이 피어
눈물이 시가 됩니다.

웃으며 살리라

슬퍼도 웃으며 살리라
비록 괴로울지라도

웃음은 생명의 꽃
피고 지면 그윽한 열매 있나니
인고의 향 아름다워라

세상은 변화의 터전
바람 없는 날 있으랴만
자유는 바람과 함께 이루어진 조화

웃으며 살자
사랑 없는 인간은 세상이 감옥
처음 세상은 에덴이었네

무제 2

아름다운 음악은 천연의 숨결
노래는 음치라도 흥겨워
천연의 한 조각 인간이기에

인간의 멜로디는 아련한 호소
방황하는 나그네 고달픈 넋 타령
잃어버린 사랑 찾는 울부짖음

슬프고 안타까운 인간의 삶
고요한 명상으로 신의 형상 찾아
그 속에 인생길 찾고

무제 3

비바람 흩날리니
천둥 번개 두려워라

꽃잎 젖어 뚝뚝 떨어지고
산새 한 마리 어디로 바삐 가네

산중에 어느 님 오리오만
심살난 늙은이 마음 달뜨네

산에는 여우가 설쳐 울고
물에는 미꾸리 용트림하고

내일은 동산에 해가 뜨겠지
내일은 뜰 앞에 햇볕 들겠지

칠십 년 돌아보니

찬비 내리던 겨울 밤
을씨년스런 침침한 방에 홀로
화로 끼고 잿불만 뒤척이던 막막함

난쟁이 목줄 끊고 선잠 깨기도 전
동족상쟁으로 강산은 초토화
국민은 기구망측한 삶에 망연자실

하루가 천 년 같던 70년 전
부흥회에 새떼처럼 모여 밤이슬 맞으며
가물어 메마른 땅에… 울며불며 찬송 부르고

오늘날 도시는 빌딩숲 교회는 삐까번쩍
영달에 달뜬 사람들 탐욕에 막장꾼 되고
곡학자는 요소마다 순도殉道의 길 막고

정객은 분탕질, 말쟁이는 개다리질
천둥번개 잦으면 날벼락 친다는데…
바야흐로 한국은 타이타닉호 신세

세방낙조細方落照
– 김내식 북춤을 보고

예술의 땅 진도
세방낙조에서 돌아보네

먼바다 둘러친 섬 울타리
아득한 바다는 아늑하고

감싼 그리움 바람에 일어
그리운 얼굴 스쳐가네

떨어지는 해 뜨거운 붉은 눈물
바다에 스며 가늘게 떨리는데

황금 노을은 섬울에 숨어들고
인생아! 너 가는 길 어느메뇨?

풍악 장단에 흘리는 북춤
접신하는 몸부림, 천국 가는 환상의 몸시

*섬울 : 섬 울타리
*몸시 : 몸으로 쓰는 시

묵호 등대에서

– 동해시 묵호진동 산 2-215

긴긴 역사를 품은 동해바다
날마다 태양을 맞는 묵호 등대
해발 67미터에 우뚝 서서
아득한 곳 구석구석 살피는구나

이 강산 그리워 찾는 이에게
이 강산 뜻 품고 가는 이에게
밤마다 정 주는 사랑의 전도사
정든 바람에 서러움 달래고

파도는 철석철석 청승 떨고
오늘도 내일도 뱃길을 더듬는 너
언제나 묵묵히 그 자리에서
바람에 시를 담아 밝히는구나

청산에 살자

아해야, 우리 청산에 살자
맑은 물 졸졸졸 숨어 흐르고
산새 속살거리며 애무하는 곳

풀꽃 고즈넉이 고개 숙여
산들바람은 천연의 자유
태초의 평화가 깃든 곳

아해야, 우리 청산에 살자
꿈 없는 단잠에 흠뻑 취하려

사월 어느 아침

사구라꽃 어느 새 피었다 져가고
앞산 수풀은 싱그러운 새 옷 입었네

적막한 아침 해는 구름에 숨어
심란한 마음 오히려 달래주고

시간은 삐걱삐걱 흘러가도
하던 일 떠밀려 쌓아가고

며칠 전 잘라 논 감나무
해지기 전 말끔히 태우리라

유월의 숲속

햇살 이글대는 유월의 태양
수풀은 태양을 빨고
생명은 속살이 여물고
새들은 환희에 춤추고

녹음방초 우거져 펄럭이는 숲은
물소리 바람소리 새소리
수풀은 현란한 춤사위에 벅차고

구애의 몸부림과 짝짓기의 환성
생명을 잇는 소명召命의 절규
먹거리 넉넉한 유월의 숲속은
기상氣象이 약동하는 생명의 보금자리

센 바람

센 바람에 수풀은 요동치며 춤추고
비명 소리 씽씽 사방에 퍼져
검은 구름 눈물 흘리며 쫓겨가네

어느덧 허연 뭉게구름 틈새로
푸른 하늘 살며시 햇빛 쏘는데
센 바람 여전히 나무들 들볶네

때로는 수풀도 뻗치다가
애걸복걸 굽실굽실 죽는시늉하더니
센 바람 멈추니 여전히 꼿꼿하네

햇살

햇살 쏟아지니
봄은 땅에서 솟구치고
생명은 기지개 펴
용트림 하네

심령은 싱숭생숭
님 찾아 헤매는데

진달래 개나리 심사에 불질러
심살난 늙은이 갈팡질팡

망부석望夫石

님 향한 열애熱愛

가신 길 하염없이 바라보다

울다 웃는 멍청이

그리움은 허연 재가 되어

백치된 검바위

단양 남한강

일급수 동강 물에 정선 아리랑 삭여
굽이굽이 돌아돌아 서러움 달래며
노산군의 피눈물 청령포에서 흠 씻고

산기슭 길동무 두루두루 모여
한양 갈 뗏목 띄우던 남한강
한시름 쉬고 가는 단양의 도담삼봉

훽 휜 여울물 자갈바닥을 쓸고
추하고 못된 것 갈고 녹이며
불원천리 한양 길 서둘러 가는데

상전벽해 청풍명월엔 유람선 돌고
관광객 멋진 하루 신바람나네
한여름 뱃노래 흥얼흥얼 콧노래

자연의 속삭임

열 눈을 가진들
명승을 다 보랴
백년을 유람한들
갈 곳을 다 가랴

송림 속 고요히 거닐며
물소리 새소리 바람소리
자연의 속삭임에 취해
마음의 눈은 명순응되고

나무와 수풀 바위와 물
모두 모두 진솔한 신비의 조형물
자연의 이치와 아름다움
어딘들 다름이 있으랴!

내가 날 믿으면

내가 날 믿지 못할세
남이 날 어찌 믿으랴

나 또한 남 믿지 못하니
남 또한 날 믿지 못하네

내가 날 믿고 남 믿으면
남도 날 믿고 나 믿으리

믿지 않고 세상 사느니
믿고 사는 세상 좋아라

속고 속이는 삶이라도
믿고 믿으며 사노라면

세상은 변하여 행복이 오리니
그러나 말세에 믿음을 보겠느냐 하셨네

느티나무 정자

우람한 밑둥에 남산만한 숲을 인 정자
이른 아침 새 떼는 벌레 사냥 바쁘고
한낮 왕매미 합창은 적막을 깬 고요
황혼녘 쓰르라미는 곤한 농부의 자장가

초가을 고사떡 막걸리 보쌈과 새우젓
애 어른 남녀 모여 마을 잔치하는 곳
객담 속에 진담 꽃피는 뉴스 경연장
때로는 어르신의 마을 재판소

세월은 부락 부락에 팔각정 세워
옥수수 다듬고 마늘 고르는 쓸쓸한 노인
썰렁한 마을 풍경 눈물겹고
스치는 바람 먼지만 켜켜이 쌓이네

긴긴 세월 동구에 선 마을 초소 느티나무
어르신 병원에서 저세상 간 뒤 소식
사람들 듣는 둥 마는 둥 씁쓸히 웃네
느티나무 정자는 초췌한 노숙자 신세

인생길

오면 다시 못 가는 길
얼마나 다행인지!

장난 같이 살아도
흔적은 화석이 되고

끝장난 인생 또 불 지피면
생명은 부활로 살아나리

태양은 날마다 새롭게 뜨고
인생은 날마다 새로운 출발

제2부

시작 노트

심령에 맺힌 인고忍苦의 매듭은 풀어야 했다
울분으로 때로는 삭여서 풀기도 하지만 예술로
승화시켜 창조의 꽃을 피우면 – 나는 시를 통해서
마음을 정리한다

인간은 갈 곳 모르는 나그네이다 행복을 추구하여도
파랑새 되어 잡을 수 없고 사랑을 갈구하여도 사랑할
줄도 받을 줄도 몰라 사랑에 목마른 삶을 산다
그것도 한정된 시간 속에서…

시의 소재는 심령 또는 자연 속에서 찾아 심중에 매듭을
풀고 나아가 위로와 용기와 소망을 갖게 되어 새로운
삶의 길을 연다
그래서 시를 쓰고 사랑한다

철쭉꽃 필 때

철쭉꽃 화들짝 웃던 그 날
아들 딸 가족들 거닐던 다리안계곡
오늘은 쓸쓸히 철쭉꽃 그 길 걷네

살가운 햇살 그리움 부채질하는 듯
팔짱 낀 집사람 조잘조잘 추억 더듬고
그 날 저기는 가족사진 찍은 자리

홀로 왔다 홀로 간다지만
타국 간 아들 딸 애잔한 눈물에 마음 젖고
늙은 부부 철쭉꽃 사랑에 취하고

부모님

세상에 태어나 젖꼭지 물 때
어미는 내 생명의 모든 것

눈 맞추고 눈웃음 인사할 때
어미는 내 사랑의 묘상

아장아장 비틀비틀 쓰러질 때
부모는 내 포근한 안식처

장난치고 뛰놀며 말썽부릴 때
부모는 내 삶의 디딤돌

나 홀로 세상을 헤쳐 나갈 때
어버이는 내 등의 언덕

천방지축으로 세상을 휘젓고 다닐 때
어버이는 어디서 안녕하셨는지?

홀로 남아 흰머리 만지며 석양을 볼 때
부모님은 뜨거운 눈물입니다.

추모追慕
— 화려한 영면

님 곁에 가고픈 사무친 그리움
이 세상 모든 것 초연하여
맑은 웃음으로 새벽꿈을 파시고

계추季秋 한낮 햇살 따뜻한 방 가운데
손수 지으신 비단옷 비단 이부자리에
몸 곱게 단장하시고 반듯이 누워
찬란한 햇빛 받으신 숭엄한 영면

아, 세상에 이럴 수야!
생사를 분별할 수 없는 성스러운 모습
절절한 기도의 응답일까? 가실 때를 아셨나?

화려한 신부로 고이 영접 받으신 어머님
머리맡에 다 탄 촛대와 성경 그리고 기도문

기막힌 통한 가슴 저리고
마음과 몸은 부들부들 경련이 일고
불효의 회한은 이대로 순장되었으면…

시월이면 서러운 슬픔에 흐느끼고
화려하게 영면하신 어머님 위로도 되고.

새벽이슬 맞으며 별빛 밟으며

– 아버지 찾으려

1952년 2월 1일(음력)
내 손을 잡고 당부하신 애절한 엄마
보름 안에 꼭 돌아오라 어찌 자식마저 잃으랴!

새벽이슬 맞으며 형제는 님 찾아
낯선 길 사구시* 주막에서 길 묻는데
뜻밖에 님을 해후했다. 정말 천우신조다

기쁨과 감격은 하늘에 사무치고
큰절하는데 몸은 떨리고 눈물은 소낙비
불현듯 귀향할 걱정 번개처럼 스치네

행보는 느려 속 터지는데 한낮은 덥고
옷 벗고 쉬는 동안 허연 이 떨어 입고
별빛 밟으며 서둘러도 어느덧 17일 달밤

기쁨도 감격도 시들시들 뭉개지고
애절한 엄마 모습 눈앞에 어른어른
아련히 웅성이는 소리 환청일까?

나는 울며불며 엄마를 부르며 뛰었다
동구 밖 사거리에서 환희의 만남
우리는 달밤에 미친 듯 춤추며 울었다

그 날 밤 엄마 손 꼭 잡고
꿈속으로 흐느끼며 잤다
그 눈물 그렇게 달고 후련할 수야!

* 사구시 : 충남 아산군 송악면 유곡리 마을

아~ 어머니

석쇠에 가래떡 구워 조청 찍어 먹던
긴 겨울밤 어머닌 등잔불 옆에서 바느질
화롯불보다 더 훈훈한 어머니 맛
조청보다 더 달고 끈끈했지

인생은 세월에 시달리고 삭아
조청 사랑은 식은 숭늉 같더니
맥 잃은 눈빛은 자식도 근근이
덤덤한 표정은 울 수도 없어라

저려오는 마음 한숨을 삼키고
돌아서는 자식 눈에 핏물이 맺혀
아~ 어머니
아~ 어머님!

여보시오, 인생이란 왔다 가는 것
연로하신 부모 계시니 큰 덕일세
하늘 같은 어버이 사랑 어찌 갚으랴!

그때 그 달빛

깊은 밤 초연히 창살에 어린 달빛
아버지 찾고 귀향 길 밝힌 그 달빛

남쪽 낯선 노상에서 아버지 만남은 천우신조
동구 밖에서 엄마의 품은 환생의 기쁨

침상 엿보는 은은한 달빛은 내 어버이
아련한 눈물은 베갯잇 흠뻑 젖고

긴긴 세월 고이 담은 그 때 그 달빛
흩어진 자식들 그리움 달빛에 묻는다

새벽 길 떠날 때 꼭 돌아오라던 엄마
달빛에 되새기며 늙음을 달랜다.

사랑의 눈물

심중에서 솟는 성령의 샘물
기쁨과 감사가 넘치는 사랑의 눈물
수많은 창생은 행복과 자유를 누리고

성령의 샘물이 강물 되어 흐르니
수많은 생명이 활기차게 살아가네
강변에 약초는 무성하고 싱그러워

사랑의 눈물은 치유의 신묘약
미움과 질투와 분노를 녹이고
불안과 두려움과 근심을 삭히네

사랑의 눈물은 심령의 세정제
악하고 추한 마음 하얗게 하얗게
기쁨과 감사의 샘물 터지게 하네

서울 촌놈

우직하고 순진한 사람 좋은 젊은이
헐렁한 핫바지 입은 시골뜨기
투박하고 듬직한 자연석 같은 변강쇠

웅녀의 서방 변강쇠 어디 있으랴 지금
닳고 닳은 세상에 변강쇠는 조약돌 되고
사람 좋은 젊은이 고향에 없다네

순박한 삶 그리워 시골 왔더니
늙수레한 어르신 쓸쓸한 고향 지키고
울 안에 누렁이는 정겹게 짖네

서울 늙은이 시골에 고향집 만들어
영혼 사랑하는 일 버거운데
인생 보고 하늘 보는 서울 촌놈

안식처

높고 푸른 기암절벽에 죽기로 오르니
가없는 하늘은 청명하고
광활한 저 바다는 잔잔한 비취색
심상은 사뭇 호연한데

이 세상 저 세상 분별없고
추억도 상상도 전혀 없어라
해말간 기쁨만 솟는 마음
천상은 변화무쌍한 아름다운 자연

날개 없는 육체 자유로 날아
가고픈 곳 어디든 가고
그림자 없는 천사는 내 마음 살펴
보고픈 자 누구라도 만나는 기쁨

수많은 감사와 찬미는 눈짓으로
사랑하는 님은 언제나 내 안에 좌정
아! 여기가 예비된 낙원
비몽사몽간에 체험한 영원한 안식처

개벽開闢

견우와 직녀 오작교 막히면
천지는 엉켜 개벽하리

사욕에 탐닉되어 사곡邪曲된 지식
감언이설과 위험 겁박을 낳고

공리公理를 조작한 잠꼬대
세상을 불 질러 분신焚身하는 꼴

도심에 날뛰는 멧돼지
어찌할까? 그것이 문제로다

순박한 국민 하늘만 보네

귀뚜라미

어둔 밤 수풀에 귀뚜라미
어미 찾는 애절한 울음소리
깊어 가는 밤하늘에 그윽히 퍼지고

새벽녘 뜰 밑에 귀뚜라미
사랑 찾는 처량한 울부짖음
동트는 여명에 사그라지고

가늘고 높은 미묘한 울림은
심금을 후벼파는 아련한 애환
이 세상 인생은 천상의 애벌레

카라반(caravan)

네팔 땅 히말라야 차마고도
험준한 너덜겅 따라 머나먼 여정
벼랑 끝 좁은 길 떼지어 오가는 장사치

혹독한 추위에 땀 흘리는 강파른 몸
야크 등에 소금 싣고 인생길 가네
하필이면 차마고도에 사는 뜻 있으랴

인생이 무엇이냐 묻지는 마소!
이 세상 다녀가는 천상의 나그네
천진한 인생살이 하늘 뜻 이루리

어떤 이는 스스로 귀거래 하여
춥고 배고픔을 마다하지 않느니
천상을 품은 자유로움 누가 알리오

가을 소식

행여 오려나
오실 이 기다리는 마음
을씨년스런 바람뿐

타국의 아들 딸
영상으로 보고 들어도
헛헛한 마음 그림의 떡

애틋한 정 눈물젖은 글씨로
공들인 일장 서신
가을밤 달빛에 마음 전하네

사랑은

사랑은 행복을 향한 바람
주는 자 받는 자 승勝하고

사랑은 능력과 지혜
고통과 슬픔의 용광로

사랑은 양지良知의 샘물
거짓과 위선을 지우고

사랑은 은혜의 선물
하늘 뜻 좇아 천상길 가네

행복은 사랑의 꽃

황홀한 석양을 바라보며
서산을 넘는 외기러기
가는 곳 어디랴!

흩어진 구름 조각
뭉게구름으로 떠돌면
가슴에 꿈은 피어나고

소박한 마음으로 사노라면
행복의 파편들 뭉게구름 되어
인생은 아름다워!

행복은 심중에 솟아나는 샘물
포근한 사랑에 젖으면
기쁨과 감사가 흐르리.

행복은 사랑의 꽃이어라

가족 오락회

농후한 봄, 화창한 날에
두물머리 어느 카페에서
오당梧堂의 후예들 가족 오락회

피아노 반주로 오페라 부르고
사중창과 비올라 연주
네 살 손녀의 깜찍한 율동

번개처럼 스치는 그리운 얼굴들
옛 정은 샘물처럼 솟아나고
아련한 낭만은 한강에 띄우고

가족은 끈끈한 핏줄의 열매
삶에 의욕과 보람은 무럭무럭
풋풋하고 든든한 사랑의 발판

묵은지 사랑

축 늘어진 할미김치-묵은 지
퀴퀴한 내음 어쩔까 주춤주춤
투박한 뚝배기에 설렁설렁 썰어
비린 생선 섞어 넣고 푹 끓이면
삭은 맛 별미 군침 도는 일품

조강지처 낮잠 든 쭈글쭈글한 얼굴
모진 세파 이겨 낸 애잔한 삶의 갑옷
측은하고 아련한 마음 가슴 저리고
떨떠름한 살 내음 깊이 밴 정 내음
해로의 정 애틋해 묵은지 사랑

끝내 못 다한 말

알 수 없는 인연으로 50년
세월 굽이마다 상흔이 멍들고
이리 빨리 인생 저물 줄이야

날마다 해는 뜨고 져도
아름다운 석양은 아련한 눈물
단풍잎 떨어지는 소리 가슴 저리고

그 많은 말, 흔해빠진 말
여보! 사랑했어
그리고 미안해, 고마워

툭하면 싸우면서도
서로 의지하고 믿는 말뚝
우리 해로하는 천생연분

우리의 만남

– 아내의 벗님들에게

가는 세월 50년 어쩌라만
우리의 만남은 언제나 여고시절
기쁨도 슬픔도 인생의 주름도
피고지고 피고 지는 아름다운 장미

청포도사랑은 위로와 용기
심중에 열린 빨간 능금은
손에 손 잡고 저 피안의 언덕까지
어둠을 밝히는 등대이어라

송별

자식 타국 떠나던 날
아침해도 시무룩
사랑 찢어지는 아픔

낯선 땅 찾아 인생 꽃 피우려
장송長松처럼 치솟고 푸르러도
아린 맘 위로되었으면…

그래도 그래도 이별은 눈물
바람 타고 가는 민들레 홀씨
주님께 맡기고 기도할 뿐.

님의 큰 사랑 품에서

– 딸과 헤어지며

헤어질 때는 눈물을 감추세요.
이별은 더 큰 기쁨을 약속하는 만남의 씨앗
눈물을 깊이 감싸 진주가 되어
만날 때 진주 눈물로 얼굴을 씻어요.

인생人生은 헤어지고 만나고 또 헤어지는 것
눈물 대신 차마 웃을 수는 없더라도
헤어짐 없는 영원한 만남은
님의 큰 사랑 품에서 행복의 꽃이 되어요.

크라빙스(cravings)에서

– 여식의 벗 박선민께

가을 비 우산 낙수를 맞으며
조촐한 식당 크라빙스에서
감칠맛 돋는 식사 참으로 개운해

친절과 예의가 바른 중후한 여인
사랑스런 애교는 내 여식 닮았나?
이국 땅에서 애틋한 맛 잠시 백발을 잊고

여식의 친한 벗 어찌 여식 아니랴!
가을비도 감칠맛도 색다른 추억
우산 속 정감은 낙수로 옷깃 적시네

믿음의 여인이여

– 永娥에게

거짓 없는 믿음의 담력과 겸양의 미덕
책망할 것 없는 성실한 남편과
가정을 바로 세워 자녀를 양육하는 여인

언제나 겸손하고 단정하며 절제하는
깨끗한 양심으로 참소치 아니하며
모든 일에 근면하고 충성된 여인

하나님의 교회에 아름다운 직분과
말씀으로 기둥과 터 삼은 집에서
믿음 소망 사랑의 은혜를 입은 여인

항상 기뻐하며 기도와 찬양하는 마음
살아 계신 예수사랑을 실천하려는 여인
할렐루야, 감사로다 사랑하는 내 여식이여

가을 비
– 딸의 가족과 헤어지며

가을 비 칙칙하게 치근덕치근덕
단풍잎 하나 둘 떨어져 뒹굴고
매정한 바람 옷깃 파고들어도
어찌 사랑의 이별 눈물만 하랴

산 넘고 물 건너 삶의 터전을 찾아
민들레 홀씨는 바람 타고 가련만
만남의 기쁨 가슴에 깊이 묻고
아스라한 이별의 긴 그림자 지우네

이별의 아린 눈물도
만남의 기쁜 눈물도
을씨년스런 가을비는
다시 만날 때 단비로 맞으리

고명딸

칠 남매 맏이 고명딸
참하고 어여뻤던 누이
사변통 피난살이에 시달렸네

과년 차 꾀꼬리살림 차리고
서방은 큰돈 벌러 밖으로 겉돌고
고명딸 생과부로 날밤 새워
사 남매 목숨 걸고 가르치고 키우고

아들 딸 살림 차려 품을 떠난 후
얄궂은 인생 얼간이로 요양원 신세
세상을 초연한 생보살 되더니
내 사랑 면회 온다고 고맙고 감사하다네

홀연히 의식 잃고 저 세상 가니
양지바른 동산에 봉분을 쓴들
허망한 인생 멍멍해 하늘만 보네

제3부

오직 믿음으로

세상사 늪에서 사노라면
무료한 고독에 홀로
생명은 시간時間과 함께 정지되고
의욕도 기억도 공허한 상태

인간人間은 길 잃은 고아
스스로 영원한 사망에 빠져
기아와 질고와 고뇌의 삶
보혜사의 구원만이 본향을 찾네

두려워 마라 죽음이 곧 새로운 시작
발아의 계절季節이 흐르리니
별세계別世界에서 다시 피어나리라
오직 주 예수의 믿음으로!

사마리아 여인

천한 사마리아 여인
향유 한 옥합 예수 머리에 붓고
뒤범벅된 향유와 눈물
삼단 머리채로 엎드려 예수의 발 씻네

몸은 물결처럼 떨고 눈물샘 마르고
온 몸 태우는 지고한 사랑
마침내 예수도 감동하시고
복음이 전파하는 곳 어디든지
이 여인을 영원히 기념하리라

지순한 사랑은 사탄도 떨고
세상을 이기는 하늘의 능력

님이여 단비 되어

– 사순절에 즈음하여

알몸으로 세상에 오시던 날
동방박사의 황금 유황 몰약은
하늘 뜻 이 땅에 예시하신 선물

흠도 점도 없는 님
십자가에서 흘리신 보혈은
믿는 자 속량하는 은혜의 단비

웅장한 교회의 화려한 의식
현대판 바리새인의 피날레
님 없는 교인들 교회의 패거리 되고

가녀린 촛불기도 꺼지기 전에
애절한 눈물기도 마르기 전에
사랑과 은혜는 속 사람 날로 새로워지고

단비로 오소서 속히 오소서
만인 제사장에게

예수 믿으면

예수는 사랑의 원천源泉
십자가에서 보혈 흐르고

누구든지 예수 믿으면
구원의 꽃 영생 얻고

다시 사신 생명은
영생의 꽃밭 천국 가네

세상은 축복의 땅 가나안
천국 가는 아름다운 대기실

유혹

— 사이비종교

가을밤 땅거미 짙어갈 때
새빨간 모닥불꽃에
나방이 날뛰며 뛰어든다

삶에 지쳐 시들한 영혼은
달콤한 말로 미혹하면
스스로 몸을 던져 함정에 뛰어드네

사막에서 신기루 쫓듯
병든 영혼은 미혹의 줄에 목을 매고
아는 체 있는 척 허욕을 채운다

참사랑

참사랑은 예수의 사랑입니다
영원한 생명의 빛이며
세상을 이기는 지혜입니다

참사랑은 부활의 능력입니다
흠도 점도 없는 하늘 뜻이며
강하고 담대한 의지입니다

참사랑은 모든 근심과 두려움이 없습니다
자신을 돌아보며 분수를 알기에
스스로 자족하는 삶을 삽니다

참사랑은 언제나 행복과 기쁨이 가득합니다
쓴물을 단물이 되게 하며
범사에 감사하며 이웃을 사랑합니다

참사랑은 거짓과 위선이 전혀 없습니다
자상하고 투명하고 오래 참으며
죄는 미워하되 죄인을 사랑합니다

전도(선교)

아둔한 마음 지혜를 얻어
부화孵化하여 광영을 보네

죄짐에 눌린 인생
천국 길 찾고자
한빛 예수 심중에 고이 품고
믿음으로 서로서로 어깨동무
기쁨으로 찬양하며 찾아가네

한 생명 기꺼워 복음 전하면
사람들 천국으로 인도하고
쓰임 받는 인생 기쁘고 감사하고

오직 예수사랑으로
천하보다 귀한 영혼 구원하네
그보다 아름답고 고귀한 삶
또 어디 있으랴!

죄와 사랑

죄는 사랑을 노래하며 사랑을 좀 먹네
사랑에 선태 끼어 변질시키고
마침내 사랑으로 죄를 낳고

전생의 죄에 이생의 죄를 쌓아
원죄는 점점 견고한 비만 되고
후대에 전이轉移되어 불행의 씨

죄를 어찌 에이즈나 암에 비하랴!
알지도 못하는 죄 고통도 없는 죄
신을 잃은 원죄는 모든 죄를 삼키네

죄를 소멸하는 권세는 오직 예수
예수 사랑 믿으면 죄는 지워지고
구원의 꽃 영생을 얻으리

기도의 향기

새벽에 드리는 감사의 기도
기쁨이 되어 소망과 용기가 솟고
시간 시간의 생각과 행동을 이끌어
저녁이 있는 삶을 이루네

일과를 마친 몸과 마음 샤워하고
사랑하는 가족 속에서 먹는 저녁 식사
피가 되고 살이 되는 행복의 양약
침대에 누우니 감사의 눈물 주르르

기도는 세상을 이기는 지혜
주님의 뜻을 담는 파이프라인
주님을 닮아 가는 변신의 능력
저주의 늪에서 피는 장미의 향기

우상(icon)

인간이 만든 신의 형상
영혼도 생명도 없고

권력과 명예와 황금을 독점한 자
우상 만들어 제사를 받네

신을 저버린 공허한 시간
신의 영역에서 문화를 창달하고

인간은 신(god)의 피조물
우상은 인간의 피조물

신은 죽었다고 인본주의(휴머니즘) 외쳐도
인간의 구원은 오직 신에 의해서만.

행복은 파랑새가 아닙니다

행복은 파랑새가 아닙니다
행복은 기쁨도 만족도 아닙니다
만족과 기쁨은 눈사람처럼 자라다
권태가 끼어 시나브로 사라지고
긴장을 맛보려 색다른 스릴을 찾고

행복은 파랑새처럼 감질나는 건
거짓과 꾸민 사랑에서 행복을 찾기에

사랑이 있는 곳에 행복은 있고
사랑이 없는 곳에 행복은 없고
진실한 사랑에는 행복이 석류알처럼

예수는 십자가에 사랑꽃 피워
예수는 사랑이라 행복의 열매

영혼의 씨앗

세월의 아픔 고독이 피면
마침내 아성牙城을 쌓고
겹겹이 칩복蟄伏된 자아 깨닫고

심해의 샘물 같은 진자아眞自我
애당초 아픔과 고독이 있으랴만
사람은 고독이 사망병이라네

세상이 버린 겨자씨의 운명
영생의 꽃이 필 줄이야
고독은 생명의 진액 영혼의 씨앗

번개 세월

어릴 때 칼 찬 순경 보면
골목으로 도망쳤지

소학교 때 기차가 땅 속으로 달린다던 놈
쎈 군밤 먹였지

중학교 때 등산 가서도 전화통화
한다던 녀석 미친 소리 한다고 욕했지

오늘 날 핵무장 소용없게 된다하면
그러면 좋겠다 사드 배치 말고

평화를 사랑하는 대한민국
핵 방패 발명하여 노벨상 탔으면…

잡초

꽃밭에 주저앉아 운다면
잡초여! 너는
천덕맞은 미운 오리새끼

된서리 모진 비바람
척박한 땅 허허벌판에
억세고 질긴 생명력
너 아니면 누가 당하랴

푸른 초원에서 풀꽃 피우고
벌 나비 춤추는 무도장
들짐승 사랑 짓는 이부자리
함초롬한 새벽이슬 반짝이는
생명의 젖줄 어머니이어라

마음 공간

마음 공간에 탐욕이 핍니다
탐욕은 저주의 무저갱 입니다

황금도 권력도 명예도
마음을 채울 수 없습니다

사랑은 솟아나는 불꽃
마음에 꽉 채울 수 있습니다

아가페 사랑은 가시와 엉겅퀴에서
인고와 용서로 꽃이 되어 핍니다

하나님의 품은 인간의 본향
본향을 찾아갈 때 행복합니다

역사는 강물처럼

자신을 속이면 천하를 속이는 것
늑대의 탐욕은 모질고 잔인해
이러고 저러고 속이고 야질하고

이브를 미혹한 날름거리는 꽃뱀의 주둥이
예수를 팔기 위한 가롯 유다의 열렬한 키스
이밥에 고깃국 먹인다며 인권을 농락한 자들

역사는 유유히 강물처럼 흘러도
정의는 붙들고 자유와 민주를 찾아
오늘도 내일도 묵묵히 흐르네

아, 깨닫지 못하는 인생이여!
정욕에 눈 멀면 나라도 부모도 없고
하나님 잃은 인간은 악마보다 두려워

누구든 죄 없는 자가 먼저 치라 하셨네

낳은 정 기른 정

생명은 모질고 강인해
약하면 잽싸고 꾀쓰고
생명력 왕성해 세상 버티고

뻐꾸기 뱁새 둥지에 살짝 알 낳고
새끼 기르는 뱁새
뒤늦게 깨닫고 기른 정 접는데

자식 사랑 어미 사랑 그리운 뻐꾸기
사랑의 한맛 어찌 모르랴
해질 녘 숲에서 애끊는 모성애

뻐꾹 뻐꾹 뻐꾹 애절한 호소
뱁새는 기른 정 눈물 지우고

설 명절

한 핏줄 오랜만에 모여
차례 지내고 세배 드리고
복 많이 받으세요. 건강하세요.
정겨운 덕담 섭섭이 지우고

세뱃돈 주고 받고 추억 만드네
치매 어르신 도깨비소리
울먹한 냉가슴 저리고
인생 무상함에 눈물짓고

사랑의 변신

사랑은 달랑 그리움만 남아
생명을 불질러 지키려다
눈물이 까맣게 재가 되고

마음에 사랑이 한이 되어
감질나 조바심 내는 건
파랑새가 눈앞에 알짱알짱

인간의 사랑은 카멜레온
알맹이 없는 사랑은 알똥 말똥
밤길 더듬으며 울고 웃는 사랑.

사랑의 열매

이브는 에덴에서 꽃뱀 짝 되어
금단의 열매 삼키고
불신의 씨받이로 죄 짓고 낳고
낙원 잃은 이브의 삶 가시와 엉겅퀴

에덴은 사라져 칩복되고
죄인의 심중에 낙원은 신기루
자유도 평강도 물안개 속 그림자
사랑과 행복은 아롱대는 아지랑이

영혼의 눈 은혜로 띄우면
예수는 십자가에 핀 사랑의 꽃
믿음으로 낙원의 움트고
자유와 평강 그리고 행복은 사랑의 열매

그저 그저 햇살 들기만

먹장구름 주저앉아
벽산은 잿빛으로 변하고
어스름한 세상에 번갯불 번쩍번쩍

골바람 매몰차게 파고드는데
삿갓 쓴 유랑극단 풍월만 읊네
코치 없는 야구팀 필승을 외치고

풍계리에 핵놀이는 강 건너 불 구경
두 정상은 빈 악수로 심장深長한 미소 짓고
칼빈슨 항모 당당하게 동해로 들어닥치네

얄타회담 어두운 그림자 어른거리는데
바둑판 묘수풀이 두런두런 나 몰라라
그저 그저 햇살 들기만 서낭당께 빌고 비네

깊은 밤 차분히

깊은 밤 차분히 주님을 찾으면
저 멀리 은은히 엄습하는 힘

천상의 비밀을 바라보라
세상은 천국 가는 디딤돌

세상은 생명과 양식 욕망이 뒤엉켜
양식과 욕망 때문에 생명을 버리네

생명은 그 속에 영혼 있나니
영혼 없는 생명은 죽은 것이라

영혼으로 하늘과 교신하면
세상을 이기고 하늘의 것 소유하리라

여보게 친구

여보게 친구, 우린 너무 허둥지둥했어
아름다운 산천도 휴양지도 흘려보고
가난과 오만한 권력에 진저리났기에
빨리빨리 앞만 보고 달려왔네

얻어 온 자유와 민주도 살펴보지 못하고
중간중간 자신을 돌아보지 못하여
자유와 민주는 멋대로 웃자라 엉켜
금수저는 의기양양, 흙수저는 똥수저 돼가네

병든 자유민주주의는 빨갱이만도 못한 꼴
살찐 똥돼지가 어찌 굶주린 쥐새끼 당하랴!
뭉치면 살고 흩어지면 죽는다 하는데
여보게 친구, 이제는 새 틀 짜 새 출발 하세나

세상살이에서

세상사 선불리 끼어들지 마오
거름 친 막대기 꼴 되어
시설궂은 말쟁이들 조롱거리로
곱창 순대 되어 잘근잘근 씹히리라

사람마다 엇갈린 이론으로
빈대떡 부치듯 뒤집고 제치고
생선 가시 발리듯 만신창이 되리

착하고 순하면 얼간이 취급
당차고 뻔뻔하면 출세한다네

석류

삶에 시달려 푸르칙칙한 몰골
속내는 맺힌 맘 붉게 삭아
다홍색 유리구슬되어
세상에 대하여 가슴을 째고
알알이 한을 담아 토한다

제발 좀 정신 차려!
똥파리 사위에 날뛰고 우겨 쌓는데

제4부

무궁화

휘날림도 없고
호랑나비 모양 어수선도 없고
후덕한 맏며느리 나들이 화장 멋

녹음에서 단풍까지
우아하고 청순한 맛
아침에 피고 저녁에 지는 꽃

꽃봉오리 다소곳이 오무려
마무리 깔끔하여라
배달민족 빼닮은 무궁화

세월 속에 시련이 닥쳐도
피고 지고 피고 지는 오뚜기꽃
은근하고 끈질긴 한민족의 꽃

태양을 품은 사람들

어둠에 잠긴 검은 바다
칼바람에 춤추는 파도는 철석철석
가는 해여 안녕, 영원히!

뜨는 해 품으려는 꿈나무들
끼리끼리 쌍쌍이 온 가족이
정동진역은 시끌시끌 후끈후끈

폭죽과 불풍선은 밤하늘 별꽃
어떤 역경도 장애도 불사르고
미래를 창조하려는 야심찬 눈빛

해맞이 태양을 삼키려는 사람들
기도하고 다짐하고 눈물 흘리고
마음을 열고 세상을 품는다

모래시계는 07시 44분
수평선에서 솟아나는 새빨간 불덩어리
허위와 근심 걱정 하얗게 태운다

한강수야

무궁화 피고 지는 금수강산
꽃향기에 벌 나비 꼬이듯
살쾡이 늑대에 시달리고 짓밟혀

한오백년 양반 쌍놈 삿대질하다
강산은 빼앗기고 백성은 목줄 매고
천신만고로 찾은 강산 짝짝이

선물 받은 자유와 민주 겉돌고
이념 논쟁은 권력의 아편
형제는 살부지수로 피 흘렸네

가난과 아집에 서린 한강수야
광개토대왕의 상무의 기상 어디 갔나?
신라의 화랑 정신은 어떻게 되었나?

무제 1

공든 탑 무너지면
누가 쌓을까?

체통 잃은 천덕꾸러기
천금으로도 보듬지 못하리

한 번 밉보이면
되살리기 어려워라

짜발량이 움막집에
살쾡이만 들락날락

웃자, 웃고 말자

하~ 하~ 하~
웃자, 웃고 말자

거미가 거미줄에 목을 매다니

라텍스 그물망은
송사리든 고래든 별 수 없고

죄 없는 자 누구랴!
투망질 씌우면 도리 없고

강물은 굽이굽이 돌고 돌아도
마침내 창해에 이르리라

권력을 탐닉하면
자유와 민주는 미끼고 떡밥

그때 그 시절은 그래도 순진했어
함정도 토끼몰이도 없었으니까.

정객들의 풍미風靡

금수저 귀공들 패거리
속내를 숨긴 지성至誠스런 표정으로
얼개 짜 상처만 물고 찢고 늘어져
우국지사인 양 민중을 선동하네

장대비에 천둥 번개
장마철 풍미라 어쩔 수 없다 해도
쥐 잡는다고 장독 부수니
기고奇古한 모습 초주검되고

텃세 싸움은 바둑판 꽃놀이 패
짜릿하고 떨떠름하고 얼떨떨한 기분
정객들 설치니 민생은 골병들고
설마하니 벼락이야 맞으랴!

초가삼간 불질러 빈대 벼룩 태운들
누가 누구에게 삿대질하는가?
100여 년 전 그 때 그 시절 주역들
생각사로 닭살 돋고 기가 차네

패싸움

특설 링에서 패牌싸움
막말 거짓말 중상모략 떼쓰기
뛰는 건 태클 걸고 하는 일 토 달고

어깃장 놓고 야지랑 떨며 대화 청하고
흠잡으면 뻥튀겨 물고 늘어지고
포기도 말라 죽지도 말라 망하기만 해라

상대 없는 패싸움 무슨 맛이냐
특설 링 없어지면 망한다 하네
입장객 흩어지며 시부렁시부렁

악플 뿌리는 속으로 깊이 번지고
때만 되면 불쑥 튀어나와 죽기 살기
콩밭은 바야흐로 바랭이가 무성

마지막 때

묻지 마 살인도 그러려니
핵 위협과 공포도 설마하니

작두 위에서 춤추는 무녀처럼
황금과 권력에 미치는 세상

출세하라 억울하면 출세하라
정의가 무엇이며 누가 실세더냐

패거리 집회가 직접 민주주의라니
거짓과 권모술수는 끝 간 데 없네

사람이 두려워 사람을 저주하고
선과 악은 강자의 선택 몫

그러나 마지막 심판 때에
믿음의 그루터기는 곳곳에 숨은 파수꾼

이놈들아!

철 지난 꽃샘바람에 꽃송이 지고
우겨 싸는 전운戰運 섬뜩하여라
촛불집회 국민의 뜻 영글어가네

이념에 불타는 아우성이냐
권좌에 목마른 몸부림이냐
아니야, 민주정치 구현을 위한 새 발판

심드렁한 훍수저 심사 불 지피려
색깔 난 정책 골고루 엮어
선단仙丹 처방으로 만사는 o.k

TV는 액자 같은 인물 때때로 여기저기서
정치공학 좀팽이 논쟁 신나고, 그러나
언론은 말쟁이에서 영혼의 소리 울릴 때

장질에 시달려 내몰린 늙은이
설마하니 나쁜 역사 반복할 리야
도성에 바벨탑 쌓든 말든 할 수 없고

도둑놈들아, 이놈들아 가슴 애는 메아리
졸부근성에 지친 나라 어쩔 작정이냐
조국아, 국민아 저 푸른 창공을 보라

유세 誘說

단풍 잎 울긋불긋 색동옷은
조락하는 생명의 몸부림

님도 보고 뽕도 따려는 조잡한 심사
허풍 떨며 속셈 드러낸 피리 소리

실눈 뜨고 오리 주둥이 속삭임은
한밤중 샛길 찾아온 귀신의 키스

아서라! 큰 입 맘껏 벌려
천하대세를 설쳐라 백년대계를 외쳐라

회오리 정치판

팽이처럼 몰아치는 돌개바람
먼지와 검불 싹 쓸어 하늘로 날아가네

법과 제도와 규제는 뒤엉켜
삽사리는 활개치고 누렁이는 주눅 들고
뻔뻔한 민낯들은 살벌한 경쟁
산수갑산 가는 길도 마다않네

자유와 민주 그리고 인권은 입맛대로
떼쓰고 행패 부리면 출세하는 세상
견제와 균형은 빛 좋은 개살구
구닥다리 판치는 뿔뿔이 잘난 사회

입에 발린 국민 사랑 충성심 없는 애국자
반딧불만 쫓아다니는 떠버리 정치꾼
물 없는 우물에서 생수 구하랴!
성깔 내다 추락하면 어쩌나

바보야, 막장정치 덤터기는 몽땅 국민 몫이야

어쩜 좋을지!

오르고 또 오르다 미끄러져
갈 곳 모르니 어쩜 좋을지
북망산 가는 길 물을 수 없네

오던 길 되 가지도 못하는 인생
차라리 쉬엄쉬엄 가면 좋으련만
밀리고 쌓인 짐 어쩜 좋을지

하늘을 봐도 땅을 봐도 부끄러워
구름 타고 바람처럼 가면 좋으련만
아쉬운 정 끊을 수 없어 어쩜 좋을지

세상사 변화무쌍

하늘아 아무리 높아도
태양아 만상을 삼켜도
구름은 멋대로 떠돌고
바람은 거침이 없어라

세상사 때때로 변화무쌍
길이도 중량도 부피까지
천지는 자유로 조화롭고
인간은 그물망 갇혀 사네

세상을 안 사람 기고만장
천연天然을 안 사람 참담하네
영장한 인간은 변질되어
저주로 인생은 기구망측

귀향 굿

망국의 운명에 매달린 소녀들
낯선 전장에서 성 노예로 폐기되고
숱한 망자의 영혼 불귀로 떠돌고

귀향한 기구망측한 생명 안식도 없네
망자의 몫까지 울분을 삼키며 산다
무도한 만행 역사의 산 증인되려고

나라와 국민을 팔아 영달하려는 자
자유와 민주의 허울 쓰고 활개치는 자
망국의 책임 누가 지랴, 괜찮아 괜찮아

되살아나는 망국의 상흔傷痕 지우려 해도
휘청거리는 담 어찌하랴!
하얗게 근엄하게 한풀이 하자

울지 마라 원망도 말자 삭여야 한다
귀향한 여인을 위해 살풀이 귀향 굿으로

광화문

인왕산으로 산을 두르고
왕기 서린 경복궁 뒷전에 품고
호연한 기상 넘치는 광화문 광장
오락가락 수많은 눈부신 차량

대한민국 심장부 첫머리에
지혜의 왕 세종대왕 좌정하시고
창제하신 훈민정음 돌 비에 새겨
백성 사랑하신 뜻 애틋이 밝히셨네

광화문 광장 초입 한가운데
장검 짚고 살피시는 충무공 이순신
백의종군이 문제랴! 전선 12척이 문제랴!
명량전투 한산대첩으로 나라 구하셨네

지혜의 왕, 민족의 태양 가슴 벅찬데
허구한 날 패거리싸움 이것이 정치련가?
통일은 언제 하려나 통탄스럽고
빼앗긴 나라 통분 삭기도 전에

시민의식

권력 맛에 길든 떼거리들
한 오백년 흐른들 군자되랴
역사는 밝고 어둠을 드러낼 뿐

가난과 무지는 우상을 낳고
권력에 탐닉하는 독재자를 유인誘因하고
필경은 천지개벽하는 피 혁명을 부르리

자유와 민주는 번영의 텃밭에 피는 꽃
땀과 피로 쟁취한 열매
참된 민주는 성숙한 시민의식에서

왕권보다 강력한 시민의 힘으로
그 시대에 갈 길은 영도자의 몫
평화도 통일도 이끌고

기조羈鳥*의 날갯짓

삶에 시든 고달픈 인생
동거한 세월 어언 15년
산자수명한 단양이라도
서러운 인생 어디나 한가지

그윽한 산기슭 홀로 걸으며
고답한 풍격 사모되어
기조羈鳥의 날갯짓한들
영고성쇠하는 인생 어찌할까 ?

속세의 굴레 못 벗어
명리의 그림자 어른대네
갈무리 못하는 인생
고죽국 백이숙제 알아 어쩌랴!

*기조羈鳥 : 나그네 새, 초롱에 갇힌 새

사관史官

생전에 상처만 집적대다가
망자亡子되면 공功만 기리는 뜻은
말 없는 자는 적수가 아니기에

망자의 그늘이 생자生者를 짓누르면
공은 지우고 과過만 튀겨
그림자조차 뭉개버려

교활한 인성人性은 끝내 버티기에
사관史官은 청사에 길이 남을 건
삼족을 걸고 사기史記를 쓴다

새 집 지으려는데

새 집 세우려는데
무딘 도끼에 션찮은 도끼질
열 번 찍어도 요란한 흠집뿐

세 사람만 우기면
호랑이도 만든다는데
비 온 뒤 바랭이만 무성

집을 새로 지으려는데
설계사도 목수도 어디 있나?
새 집을 세워야 할 텐데
도끼는 무디고 도끼질은 션찮고

통일은 새벽이슬같이

악을 쓰며 통곡을 하랴!
죽기 살기로 피바람 전쟁을 할까?
아지랑이 같은 통일로 가는 길 딱 하나

자유와 민주 그리고 인권이 창달되고
갑질과 비리, 불법과 거짓이 없고
성실히 일하면 여유롭게 사는 나라

논밭에 깜부기 바랭이 피살이 하고
해마다 풍년잔치 풍악놀이 신나고
노년에 세계 유람하는 보람찬 생활

노약자 어린이 낙오자들 위한 복지정책
공직자는 국민을 위한 신실한 봉직자
집집마다 웃음꽃 피는 살기 좋은 내 고향

휴전선에 세계 자유평화공원 만들어
내 형제 내 동포 자유롭게 오고가는 날

우리 모두 하나 되어 잘 살아보세
통일은 새벽이슬같이 오리니

온 세상 밝히는 등대

어둔 밤 깨고 여명의 소리 은은히
맑은 하늘에 먼동이 트네
창 너머 햇살 눈부시고
고대한 님 속히 오시리

바람개비 같이 눈치 잽싼 민족
언제까지 질긴 역사 자랑하려나
쐐기 빠지면 공든 탑도 무너지고
권토중래하면 동방에 주인 되리

대륙에 젖꼭지 대양에 목줄기
금수강산에 무궁화 만개하여
우리는 하나 되어 통일 한국 이룩하자
온 세상 밝히는 등대되리라

진실은 싹이 돋고

신천지 꿈꾸는 촛불이리라
이념에 불타는 한풀이겠나?
제초작업하는 밭갈이리라

비리 부정 험담 태클 거짓말
비정상이 난무하는 갑질 사회
촛불 밝혀 정의로운 나라 이루리라

독식하는 곳에 비리 숨고
탐닉하는 권력에 적폐 쌓이고
패거리들 행여 음모의 날갯짓일 리야…

민주 권력은 국민이 맡긴 힘
촛불이든 태극기든 색다를 적폐
음습한 권력은 독선과 비리의 온상

역사는 강물같이 흘러도
진실(팩트)은 죽은 듯 싹이 돋고

설악산 대청봉에서

녹음 짙은 가파른 협곡 쇠줄 잡고 오르니
늙은이 힘 부쳐 오락가락 망설이네
그래도 그래도 죽기야 하랴!

대청봉에 사위는 공활하고
동편 망망한 바다는 하늘과 어우러져
흰 구름 서너 점 갈 곳 몰라 서성이네

햇살은 산과 바다에 은비단 씌워
아름답고 수려한 이 강산 내 것인 양
마음 문 절로 열려 탄성이 터지네

시샘 많은 쪽발이 예부터 금수강산 노려
나봇의 포도원 이사벨이 빼앗듯이
절치부심 탐하는 건 모두 우리 탓
패거리 개 쌈하니 군침 돌지 않을까?

반만년 역사 아름다운 금수강산에서
호연한 기상 세계로 뻗어가자

얼치기 국민 어찌 나라를 지키랴

깨닫지 못하면 아, 또 다시…

*나붓의 포도원 : 아합 왕의 아내 이사벨이 나붓의 포도원이 탐나 누명을 씌워 죽이고 포도원을 뺏음(왕상 21장)

토함산 석굴암에서

동해에 솟는 태양을 마주하고
기암奇巖 깊이 정좌한 석불石佛
칠정七情을 초연超然한 그윽한 느낌
참선의 눈빛은 천리天理를 꿰뚫는다

호국의 넋은 자나깨나 왜구
세속오계* 의 화랑정신은
인륜人倫을 지키는 위대한 동력
고구려 백제를 통일하고

토함산 석굴암 불상佛像은
천년 신라의 찬란한 문화꽃
하나님을 표상한 불상佛相이어라
그 때 그 불심佛心은 어디 있는가

*세속오계 : 사군이충, 사친이효, 교우이신, 임전무퇴, 살생유택

시인은 자유인

하나님의 품 우주에서
천연의天然 질서를 좇아
걸림이 없는 자유
갈등과 마찰은 사랑으로 용해
삶과 죽음의 경계선 지우고
생명은 영원한 빛과 사랑

의식의 굴레 벗어
가난과 질고의 고통도
미로의 꿈자리 고뇌도
사망의 늪에서 헤매도
우주를 들락날락 쏴다니네
자유는 시를 낳고 시인은 자유인

봄맞이 대청소

삭풍이 후리고 눈꽃 덮어 씌워도
산기슭 얼음 밑은 봄물 흐르리

상쇠 몸짓 장단에 풍악 놀음판
장구, 징, 북, 꽹과리 신나는 놀음
상모 좌우로 빙빙 돌리며 소고 치네

국민 나가신다 구닥다리 몰아내자
겨우내 촛불로 지지고 볶더니
맞바람에 태극기 펄럭이며 등장

왕은 쪽발이에 쫓겨 의주로 몽진
삼전도에 무릎 꿇고 짱꼴라에 하소
사색당쟁에 사화士禍도 몇 차례
나라도 빼앗기고 동족상쟁도 했노라

바야흐로 동서남북에 쓰나미 닥치는데
산천은 뒤숭숭, 인걸은 어디에 있노?
내일은 또 오리니 만고강상인가!

유유히 흐르는 한강 어찌 속뜻 모르랴
봄맞이 대청소로 대한민국 새롭게 거듭나길…

오늘은

역사는 오늘의 발자취(흔적)
미래는 오늘로 열려지고
오늘은 시간의 알파와 오메가

신은 오늘을 창조한다
과거도 미래도 오늘이 축
하루 하루는 생명의 시간

오늘로 사망의 늪에 빠지고
오늘로 영원한 생명이 열리고
오늘은 생명의 시작이고 끝.

마지막 때에

문명의 이기는 황금에 놀아나고
풍요로운 삶은 홀연히 나락에 빠져
막차는 쏜살같이 종착역을 달리네

신神을 저버린 휴머니즘의 물질문명
황금, 권력, 명예는 하이칼라 우상*
진리는 안개처럼 사라지고

약자를 압살하는 강자
강자를 겁살劫煞하는 약자
단번에 끝장낼 핵과 독가스의 으름장

기아와 질고의 처절한 신음소리
분노와 원망의 송곳 같은 발악
세상은 몬도가네의 토굴 속 정경

인생이여 돌아오라 저버린 주님의 품으로!
온전한 십일조로 이웃 사랑 실천하고
교회여! 사랑의 횃불 들고 주님의 뜻 이루길…

* 하이칼라 우상 : 최신 유행되는 우상